AF349896

VENTE DU MERCREDI 18 FÉVRIER 1885

A DEUX HEURES

HOTEL DROUOT, SALLE N° 4

ANCIENNES

PORCELAINES DE LA CHINE

ET DU JAPON

DE SÈVRES, PATE TENDRE

Tapis d'Orient

MEUBLES ANCIENS EN BOIS SCULPTÉ

Mᵉ G. PIERRON	**M. A. BLOCHE**
COMMISSAIRE-PRISEUR	EXPERT
88, rue de la Victoire, 88.	44, rue Laffitte, 44.

Exposition publique avant la vente.

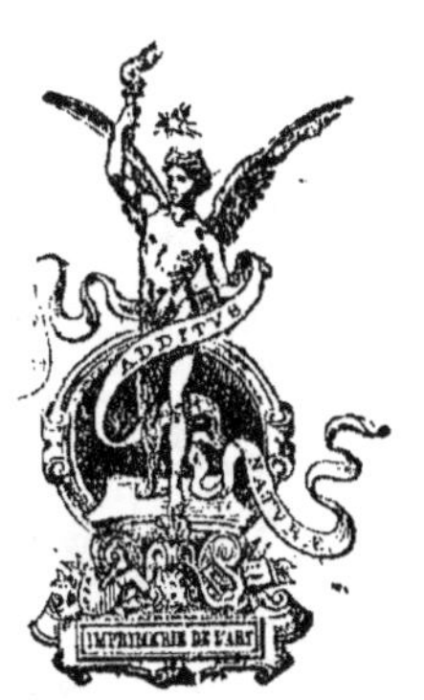

ADDITVS
IMPRIMERIE DE L'ART

CATALOGUE

D'UNE INTÉRESSANTE COLLECTION

D'ANCIENNES

PORCELAINES DE LA CHINE

ET DU JAPON

POTICHES ET VASES A DÉCORS POLYCHROMES

De la famille verte et de la famille rose

Porcelaines de Sèvres, pâte tendre et pâte dure

Faïences de Rouen et autres

Porcelaines d'Allemagne et de Chantilly

Tapis d'Orient — Meubles anciens en bois sculpté

DONT LA VENTE AURA LIEU

HOTEL DROUOT, SALLE N° 4

Le Mercredi 18 Février 1885

A DEUX HEURES

Mᵉ G. PIERRON	**M. A. BLOCHE**
COMMISSAIRE-PRISEUR	EXPERT
88, rue de la Victoire, 88	44, rue Laffitte, 44

Exposition publique avant la vente

CONDITIONS DE LA VENTE

———

Elle sera faite au comptant.

Les adjudicataires payeront *cinq pour cent* en sus des enchères.

L'exposition mettant le public à même de se rendre compte de l'état des objets, il ne sera admis aucune réclamation une fois l'adjudication prononcée.

Paris. — Imp. de l'Art. E. MÉNARD et J. AUGRY
41, rue de la Victoire, 41

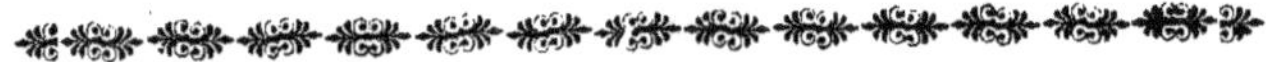

DÉSIGNATION

PORCELAINES

1 — Beau vase forme rouleau, décor représentant empereurs chinois à la guerre. Paysage accidenté de rochers et végétation.

2 — Beau vase forme rouleau, décoré d'un grand rocher avec oiseau et orné de branches de pivoines et magnolias.

3 — Beau vase rouleau, décor rochers avec branche de pivoines et magnolias, le col orné d'une grecque.

4 — Potiche de la famille verte avec rocher, oiseaux et branche de fleurs.

5 — Potiche fond capucine à médaillon de figures chinoises en couleur sur fond blanc.

6 — Grand plat, vieille qualité, avec trois
bordures de diverses couleurs, le centre semé
de fleurs.

7 — Plat, vieille qualité; au centre, décor de
chimères et dragons.

8 — Deux plats avec riche bordure, de la famille
verte.

9 — Plat plus petit, semblable au précédent.

10 — Grand cornet bleu orné d'un paysage.

11 — Grand cornet bleu à paysage, figures et
branche de fleurs.

12 — Vase rouleau, vieille qualité, à col rouge,
lambrequins et rinceaux verts avec fleurs
et médaillon semblable.

13 — Belle potiche à couvercle de la famille rose,
paysage et maisons, le col orné d'une bordure
rose.

14 — Vase forme boule, décor à compartiments orné de figurines, et branche de fleurs en bleu.

15 — Vase forme boule, famille verte, décor à paysage ; bordure en émaux de couleurs.

16 — Vase forme boule, famille verte, décor à fleurons, arabesque verte, médaillon en émaux de couleur.

17 — Beau vase rouleau, décor bleu représentant un paysage.

18 — Potiche de forme élancée, décor à lambrequin bleu et branche de fleurs.

19 — Beau vase rouleau à décor bleu, orné de figures dans un médaillon.

20 — Potiche, vieille qualité, fond quadrillé rouge à lambrequins et médaillon à rinceaux verts et fleurs.

21 — Beau rouleau, décor bleu à paysages orné de pagodes.

22 — Vase rouleau, décor bleu à paysage animé
de figures.

23 — Compotier, bordure quadrillée verte, médaillons et branches de fleurs.

24 — Deux petits vases à anses rouges et lambrequins à fleurs.

25 — Coq vieux Chine blanc sur rocher biscuit.

26 — Deux bouteilles rubannées rouge.

27 — Deux petits cornets bleus à anneau cen-
tral, décor à palmettes.

28 — Bouteille à compartiments, quadrillés
rouges.

29 — Sucrier fond vert à lambrequins et fleurs
rouges.

30 — Sucrier décor bleu, figures indiennes.

31 — Jardinière fond céladon gaufré, médaillon
décor bleu.

32 — Soupière à couvercle, lambrequins et branches fleuries.

33 — Sucrier à décor bleu très couvert.

34 — Vase turbiné fond rouge et jardinière brune, décor relief.

35 — Trois théières, décor de la famille verte.

36 — Trois théières, famille verte et terre de Bocaro.

37 — Deux saucières et plateaux à feuilles en couleur, ornées de fleurs.

38 — Deux cylindres en bleu uni et en violet gravé sous émail.

39 — Deux pitongs à reliefs et une petite jardinière verte à fleurs.

40 — Jardinière céladon craquelé et bol semblable.

41 — Plat bleu, décor à compartiments; au centre, décor de fleurs.

42 — Quatre plats, décor aux perroquets, bordure bleue.

43 — Deux vases céladon à fleurs et un vase craquelé.

44 — Deux plats céladon vert d'eau et décor bleu à personnages.

45 — Poisson rouge et or et deux petites chimères vertes.

46 — Coupe ronde à décor de fleurs en relief.

47 — Jardinière décor bleu, paysages et habitation.

48 — Jardinière décor bleu, scène chinoise.

49 — Six assiettes de Chine, variées de décor.

5o — Jardinière décor bleu, figures dans un paysage.

5 1 — Quatre bols, décor bleu et émaux de couleurs.

52 — Vases à tête d'éléphant imitant le bronze.

53 — Vase orné de bordure rouge et bleu sur socle découpé.

54 — Deux jardinières en ancien céladon à fleurs.

55 — Potiche, vieille qualité, fond écaille rouge, décor branche de fleurs et oiseaux.

56 — Cafetière forme droite, à anses et goulot allongé, décor bleu à paysages.

57 — Deux coupes, décor à médaillon bleu orné de branchages.

58 — Deux vases ovoïdes à couvercle, décor bleu branches de fleurs et oiseaux.

59 — Deux vases boules, côtelés, médaillon en réserve, à fleurs et bordures bleues.

60 — Vase rouleau, à riche décor, paysage en bleu.

61 — Quatre petits plats Japon, branche de fleurs au centre.

62 — Deux chimères, décor de la famille verte.

63 — Trois plats Japon, décor à fleurs avec bordure.

64 — Vase, vieille qualité, décor de branche de fleurs et dragons.

65 — Vase à pans, vieux céladon, décor médaillon blanc ; sur chaque face, paysage bleu et rouge de fer.

66 — Vase forme boule, fond vert, médaillon en réserve et lambrequin émaillé.

67 — Gourde ornée de rinceaux à fleurs et dragons.

68 — Vase ovoïde à compartiments, orné de branches de fleurs.

69 — Sucrier à couvercle, rinceaux verts et grosses fleurs rouges.

70 — Deux groupes composés de deux figures.

71 — Quatre assiettes diverses de décors variés.

72 — Quatre autres à émaux variés.

73 — Deux petits plats Chine, avec figure au centre, bordure à médaillon de fleurs.

74 — Deux plats, décor à personnages, émail bleu.

75 — Grand plat à riche branchages de fleurs, émail rose, bordure en couleur.

76 — Plat forme compotier, décor à compartiments ; au centre, médaillon en couleurs de la famille verte.

77 — Cinq bols, décor varié à émaux de couleurs.

78 — Plateau, vieille qualité, décor à marguerite.

79 — Deux bouteilles, décor à chimères rouge de fer.

80 — Corbeille, décor fond vert d'eau, à médaillons de fleurs.

81 — Corbeille, décor bleu, à médaillon de fleurs.

82 — Écuelle à décor bleu, très couvert, représentant un jeu d'enfant.

83 — Trois pièces : assiettes, Japon décor bleu, rouge et or.

84 — Plat, fond blanc, décor au centre, armoiries en or.

85 — Quatre bols, céladon, violet et vert.

86 — Cinq bols de décors variés à émaux de couleurs.

87 — Grand cornet, décor mandarin en bleu.

88 — Buire à anse et goulot bleu de Perse.

89 — Deux assiettes dont une à armoiries en couleur.

90 — Grand cornet, décor bleu à personnages.

91 — Deux écuelles de la famille verte, à décor bleu.

92 — Figurine chinoise et boîte à ornements ajourés.

93 — Grand cornet, décor bleu, paysages et maisons.

94 — Quatre assiettes Chine, à émaux de couleurs.

95 — Cerf, vieux biscuit, sur socle bronze doré.

96 — Canard et plateau à émaux de couleurs.

97 — Grand cornet, décor bleu, paysage et figures.

98 — Trois pièces : théière, pitong et gobelet à émaux.

99 — Cinq pièces diverses : plats, assiettes, Tournay, Chantilly.

100 — Fort lot de couvercles pour vases, potiches et autres.

101 — Écuelle avec plateau, ancienne porcelaine de Sèvres, pâte tendre, décor à grisaille, sujets champêtres.

102 — Trois assiettes, ancienne porcelaine de
Sèvres, pâte tendre, décor à fleurs et filets
bleus.

103 — Assiette, vieux Sèvres, décor à fleurs, bord
contourné, à hachures bleues.

104 — Petit vase, pâte dure, décor à fleurs.

105 — Deux vases, vieux Sèvres, pâte tendre,
fond jaune à mascarons tête de femme, décor
en or.

106 — Groupe, ancienne porcelaine anglaise :
Junon sur un char, émail de couleur.

107 — Coupe ovale, les anses formées de deux
mascarons tête de femme.

108 — Bol et boîte à thé, vieux Saxe, à figures
et fleurs.

109 — Deux plateaux ovales, vieux Saxe, à fleurs.

110 — Plat rond, vieux Saxe, à reliefs et bouquets
de fleurs.

111 — Vase, porcelaine d'Allemagne, décoré sur
l'une des faces de sujet à personnages, et sur
l'autre de bouquet de fleurs.

112 — Plat ovale, vieux Saxe, décor fleurs et jolie bordure.

113 — Soupière, vieux Saxe, à deux anses formées par deux têtes de femme, décor à l'Écureuil.

114 — Grand plat en ancienne faïence de Rouen, décor rayonnant bleu rouille. avec rosace au centre.

115 — Plateau de forme allongée, vieux Rouen, décor bleu ; au centre, rosace.

116 — Pistolet en faïence, émail brun, la batterie verte.

117 — Deux coupes rondes, pâte tendre blanche, sur socles à losanges, soutenus par trois pieds, têtes de lion.

118 — Deux socles, porcelaine de Saxe, guirlande de laurier.

119 — Plat à pans, vieux Saxe, jolie bordure.

120 — Sucrier et tasse, vieux Vedgwood, à reliefs.

121 — Quatre socles, deux en porcelaine, pâte tendre, deux émail à décor or.

122 — Flacon, vieux Bohême, gravé et orné d'une grande armoirie.

123 — Deux pièces : un poêlon et une tasse avec soucoupe, vieux Saxe, à fleurs.

124 — Quatre pièces : théière, moutardier, salière, gobelet, Chine, Saxe et Tournay.

125 — Petite cruche, vieux grès de Flandre émaillé.

126 — Obélisque, vieux Saxe, à attributs, reliefs en couleur.

127 à 137 — Sous ces numéros seront vendus dix tapis d'Orient.

138 — Crédence ancienne.

139 — Joli meuble ancien en bois sculpté.

140 — Belle étagère ancienne.

141 — Sous ce numéro les objets non catalogués.

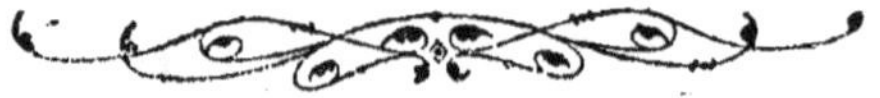